AF243419

LA

RÉSURRECTION DE LA FRANCE

ET LE

CHATIMENT DE LA PRUSSE

PRÉDITS PAR MARIE

EN ALSACE & A FONTET

PRIX : 60 CENTIMES

PARIS

ADOLPHE JOSSE, ÉDITEUR

31, RUE DE SÈVRES, 31

1874

LA
RÉSURRECTION DE LA FRANCE

ET LE

CHATIMENT DE LA PRUSSE

EN ALSACE & A FONTET

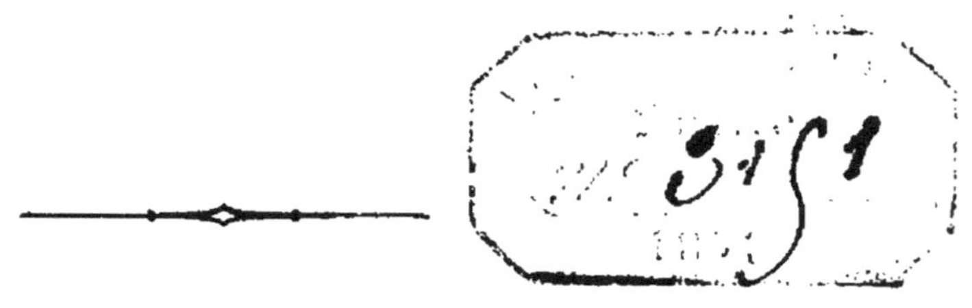

PARIS
ADOLPHE JOSSE, ÉDITEUR
31, RUE DE SÈVRES, 31

1874

AVIS DE L'ÉDITEUR

Depuis trois ans la France se débat dans les étreintes d'une situation lamentable. Nous avons eu la guerre étrangère, l'invasion, puis la guerre civile, et, comme si ce n'était pas assez de commotions et de ruines, voilà que les luttes parlementaires nous menacent de nouveaux événements ; les partis qui se disputent le pouvoir se diviseront bientôt à l'infini ; chacun veut un gouvernement de son choix, organisé selon ses petites idées, et surtout en faveur de ses intérêts personnels.

Qu'ils sont rares aujourd'hui les Français véritablement dignes de ce nom ! Dans notre société matérialiste et débauchée les principes sont laissés de côté, le devoir est un mot presque inconnu, et l'égoïsme seul règne en tyran parmi nous.

On parle encore de patrie et de liberté, mais l'amour vrai de ces deux choses sacrées n'est plus le partage que de quelques âmes d'élite : le reste de la nation énervé par dix-huit années d'un règne démoralisateur se prosterne devant le veau d'or et se laisse aller sans remords à des excès que n'aurait pas renié la société païenne.

Est-il surprenant, qu'en présence d'un chaos aussi ténébreux et aussi terrible, les esprits inquiets aient cherché à pénétrer l'avenir, qu'ils aient retiré de leur poussière les anciennes prophéties et ne leur aient demandé, contre les tristesses du présent, au moins les consolations de l'espérance.

Malgré des instances réitérées, nous avons cru ne devoir éditer aucun ouvrage de ce genre et si, aujourd'hui, nous nous faisons l'écho des voix qui retentissent en Alsace et sur les rives de la Gironde, c'est que, pour nous, ces voix proclament avec insistance le besoin le plus pressant de notre époque : LA PRIÈRE.

Ce qu'il nous faut, ce ne sont ni des libres-penseurs, ni des philosophes, ni même de grands politiques : qui n'est un peu tout cela aujourd'hui, et parmi nos sept cents législateurs, quel est celui qui n'a pas préparé sa petite constitution? Et cependant nos affaires en vont-elles mieux? La France reprend-elle sa vie normale, sa situation européenne? Non. Il semble même que plus les hommes s'agitent, moins les institutions s'affermissent; aussi en modifiant un peu le langage du poëte, pourrait-on véritablement s'écrier : « Et quel temps fut jamais plus fertile en *impuissances!* »

La main de Dieu s'appesantit visiblement sur nous, et Marie, en mère tendre et miséricordieuse, a pitié de ses fils égarés, elle reprend à notre égard le rôle du prophète dans les rues de Ninive, et nous crie chaque jour : « Priez! faites pénitence, ou Dieu vous châtiera ».

Le temps n'est donc plus aux discussions oiseuses, aux utopies néfastes, comme le disait, il y a deux jours, un illustre et pieux prédicateur : « Chrétiens, ce que Dieu demande de nous à cette heure solennelle et décisive, c'est l'humiliation et la prière, » et il ajoutait, avec un accent patriotique dont nous ne saurions rendre l'énergie : « Français, voulez-vous donc sauver la France? à genoux, à genoux, à genoux! Et l'assemblée entière frémissante, se prosternait sur le pavé du temple en poussant vers le ciel ce cri

de détresse que même nos plus petits enfants
savent aujourd'hui bégayer :

> Dieu de clémence,
> O Dieu vainqueur
> Sauvez Rome et la France
> Au nom du Sacré-Cœur.

Nous n'avons nulle mission pour juger les événements d'Alsace et de Fontet, aussi avons-nous demandé à l'auteur de notre récit de se renfermer dans le rôle de simple narrateur, laissant à chacun le soin d'apprécier les faits, en attendant que l'Eglise, seule juge en ces matières, ait cru devoir se prononcer.

Paris, 20 avril 1874.

Adolphe JOSSE, éditeur.

LA
RÉSURRECTION DE LA FRANCE

ET LE

CHATIMENT DE LA PRUSSE

PREMIÈRE PARTIE

APPARITIONS D'ALSACE

Le village de Neubois, en allemand Krüth, qui a été favorisé des premières apparitions dont nous allons donner le récit est situé à 10 kilomètres de Schélestadt, dans l'ancien département du Bas-Rhin, et compte environ sept cents habitants. Il est dominé par une forêt assez étendue à l'entrée de laquelle se voient encore aujourd'hui les ruines d'une ancienne forteresse appelée château du Frankenberg (château des Francs).

Le dimanche, 7 juillet 1872, à l'issue des vêpres, quatre petites filles dont la plus jeune avait sept ans et la plus âgée à peine onze, s'étaient rendues dans la forêt pour y cueillir des myrtilles. Loin de se livrer à cette gaieté franche et vive qui sied si bien à leur âge, ces jeunes enfants étaient presque tristes : les malheurs de la guerre dont on parlait chaque jour dans leur famille et surtout la persécution religieuse qui commençait en Alsace, frappaient leur jeune intelligence : on apprend vite la sagesse à l'école du malheur ; aussi ces jeunes chrétiennes ne parlaient rien moins que de mourir plutôt que de renier leur foi, et, dans un élan de ferveur, elles se mirent à réciter, tout en marchant, la touchante prière de saint Bernard : « *Memorare...* Souvenez-vous, ô très-pieuse Vierge Marie... »

A peine avaient-elles prononcé les dernières paroles que tout à coup apparut aux yeux de la plus jeune d'entre elles une clarté éblouissante au milieu de laquelle se tenait debout une femme de taille moyenne, aux vêtements blancs, le front ceint d'une couronne d'or et la poitrine ornée d'une grande croix noire : elle portait à la main une épée flamboyante.

A cette vue la petite enfant est prise d'un saisissement bien naturel, les paroles expirent sur ses lèvres, et c'est à peine si du doigt elle peut indiquer à ses compagnes l'endroit où brille l'Apparition. Celles-ci aperçoivent également la grande dame, mais les deux plus jeunes prises de terreur s'enfuient aussitôt. Les deux plus âgées, ravies du spectacle qu'elles ont devant les yeux, le contemplent avec admiration, mais tout à coup la dame blanche brandit son épée au-dessus de nombreux guerriers qui viennent se ranger à ses pieds. Les deux curieuses, effrayées à leur tour, s'empressent d'imiter leurs compagnes.

Rentrées à la maison paternelle, les enfants se hâtent

de raconter ce qu'elles ont vu, mais, comme on le pense bien, personne n'ajoute foi à leur récit ; elles vont à l'école, espérant être plus heureuses près de la Sœur, et lui demandent de les reconduire à la forêt ; mais celle-ci s'y refuse absolument.

Le 11 juillet suivant, d'autres petites filles en plus grand nombre que les premières, se trouvant au même endroit de la forêt, aperçurent la même vision : effrayées elles revinrent en courant supplier la Sœur de les accompagner ; mais la bonne religieuse, craignant d'être dupe des mensonges ou des naïves illusions de ses élèves, leur oppose de nouveau un refus catégorique.

Le lendemain, 12 juillet, vaincue par les instances réitérées des enfants, la Sœur se rend enfin à la forêt avec une vingtaine de ses élèves : celles qui ont déjà vu l'Apparition marchent les premières et conduisent les autres à l'endroit indiqué. A peine sont-elles arrivées que la dame blanche apparaît dans sa lumineuse splendeur. La Sœur ne vit absolument rien, mais l'émotion peinte sur les visages des enfants, leurs regards fixes comme dans l'extase, leurs cris d'admiration ne lui permettent pas de douter qu'il ne se passe quelque chose de mystérieux ; aussi invite-t-elle ses élèves à réciter le chapelet ; la première dizaine n'était pas terminée que les enfants s'écrient :

« Ma Sœur, la Dame nous appelle. Elle nous fait avec sa main signe de la suivre. »

« Allez donc », dit la Sœur.

Les petites filles s'avancent avec empressement,

mais la Dame se retire doucement à leur approche, puis disparaît un instant après.

Le 14 juillet, même Apparition : cette fois la Dame non-seulement fait signe aux enfants d'avancer, mais d'une voix dont rien ne saurait rendre la douce harmonie, elle leur dit en allemand : « Kommet ! venez ! »

Les jeunes filles s'avançaient ainsi jusqu'au plateau qui domine les environs, et près d'un vieux sapin dans lequel un habitant de la localité avait autrefois pratiqué une espèce de niche où il avait placé une statue de Notre-Dame des Ermites.

Quand la Dame arrivait en face de cette statue, elle disparaissait, laissant les enfants désolés de la voir s'éloigner si tôt.

Les Apparitions se multiplièrent, et les enfants ne furent plus les seuls à voir la Dame mystérieuse ; des personnes d'un âge mûr la contemplaient en même temps qu'eux : aussi le bruit de ces faits étranges se répandit promptement dans toute l'Alsace et même plus loin ; des milliers de pèlerins accouraient sur le plateau de Frankenberg, afin d'être témoins du prodige. En attendant, ils se prosternaient aux pieds de Notre-Dame des Ermites et priaient avec une ferveur sans égale. Tous sans doute ne voyaient point l'Apparition, mais tous au moins confessaient qu'on priait là mieux qu'ailleurs et qu'on y ressentait de ces émotions inconnues au reste de la terre. Aussi les pèlerins déclaraient-ils hautement que la grande Dame qui se manifestait ainsi ne pouvait être que la sainte Vierge, et ils ne récitaient que des prières adressées à la Mère de Dieu.

Malgré ses pèlerinages quotidiens, la Sœur de l'école continuait à ne rien voir, elle n'en persistait pas moins dans ses ferventes prières, espérant qu'un jour ou l'autre, Marie se laisserait toucher. Le 31 juillet, elle se rendit à la forêt où se trouvaient déjà réunies plus de deux mille personnes en prières. Tout à coup des hommes s'écrient, en regardant l'Apparition : « Mère bien-aimée de Dieu ! Oh ! que c'est beau. » La Sœur, en entendant ces exclamations lève les yeux vers le ciel et elle aperçoit la sainte Vierge, suivie d'une auréole de lumière et dans tout l'éclat d'une beauté céleste. Le visage de la Reine des anges était plus brillant que le soleil et ses vêtements reflétaient une splendeur incomparable.

Intervention de l'autorité prussienne.

Dans les premiers jours des apparitions les Alsaciens se contentaient de prier, attendant qu'il plût à la sainte Vierge de leur indiquer les motifs de sa présence parmi eux ; mais bientôt les commentaires allèrent leur train : le glaive que Marie tenait parfois entre ses mains, les guerriers qu'elle semblait écraser du pied de sa puissance, les regards menaçants qu'elle jetait sur la Prusse tandis qu'elle bénissait en souriant les Alsaciens agenouillés à ses pieds, tous ces détails en volant de bouche en bouche avaient exalté les esprits, et chacun répétait à l'envi que c'était la fin de la domination prussienne que Marie venait annoncer. Il n'en fallait certes pas davantage pour exciter l'ardeur des plus indifférents et entraîner vers la forêt des milliers de pèlerins.

Le calme le plus complet régnait il est vrai au milieu de cette multitude de chrétiens agenouillés en plein air, souvent dans la boue, et priant avec ferveur : ils rentraient dans leurs villages sans ostentation et ne cherchant pas le moins du monde à jeter le trouble autour d'eux, mais cependant l'autorité prussienne ne devait pas tarder à s'émouvoir de ce mouvement général et surtout des espérances que les Apparitions faisaient naître.

Aussi le 4 août, un dimanche après vêpres, M. le Kreisdirector du cercle de Schélestad (titre qui équivaut à celui de sous-préfet), arriva avec son secrétaire à Neubois, et se fit conduire par le maire et l'instituteur sur le plateau, près du vieux sapin où se trouve la statue de Notre-Dame des Ermites. Il s'y rencontra avec des milliers de pèlerins qui priaient dans un recueillement parfait ; la vue de cette population à genoux ne produisit aucune impression sur le cœur du fonctionnaire prussien ; il n'était venu là que pour y faire du zèle et obtenir les bonnes grâces de Berlin, il ne se départit point de son projet.

Il fit comparaître devant lui un certain nombre de personnes qui avaient vu la sainte Vierge, et chercha à leur persuader qu'elles étaient le jouet d'une étrange illusion, il interrogea avec un soin tout spécial le fils du garde forestier : ce jeune homme, de dix-huit ans, avait aperçu l'Apparition et quoique protestant il n'avait pas hésité à proclamer que c'était bien la Mère de Dieu qu'il avait vue : le fonctionnaire prussien voulut lui faire rétracter ses affirmations et lui déclara que ce qu'il avait pris pour la robe d'une femme ce n'était simplement que des feuilles blanches agitées par le vent ; mais le jeune homme n'en persista pas moins dans sa croyance : le rusé Prussien alors pour obtenir au moins le silence de ce témoin ennuyeux et gênant lui fit comprendre que s'il voulait voir son père conserver sa place, il ne devait avoir vu que des feuilles blanches.

Vint ensuite le tour de la Sœur de l'école et à cette question :

« Qu'avez-vous vu ? »

Elle répondit d'une voix ferme : « J'ai vu la sainte Vierge debout sur le globe, et portant l'enfant Jésus sur le bras. Quand même, ajouta-t-elle, je devrais payer de ma tête cette déclaration, je soutiendrais encore que je l'ai vue. »

« Mais, reprit le magistrat, vous pourriez bien vous tromper ; car il est *certain* que le fils du garde forestier n'a vu autre chose que des feuilles blanches. »

« Quant à ce que d'autres ont vu, répondit la Sœur, je ne m'en inquiète pas, je ne puis parler que de ce que j'ai vu moi-même. »

« Mais, répartit son interlocuteur, en jetant les yeux autour de lui, j'ai beau regarder, je ne vois rien nulle part. »

Les interrogatoires terminés, le Kreisdirector se

rendit chez **M.** le curé de Neubois pour avoir son opinion au sujet des Apparitions. Celui-ci lui laissa parfaitement comprendre qu'il était un peu de l'avis de ses paroissiens et termina son entretien par ces paroles fort sages :

« Laissez les choses suivre leur cours ; si c'est l'œuvre de Dieu, rien ne saura l'entraver ; si ce n'est pas l'œuvre de Dieu tout croulera de soi-même. »

L'avis du curé de Neubois ne fut nullement suivi ; comme les Apparitions continuaient, la foule devenait de plus en plus nombreuse, et même on commençait à déposer au pied du vieux sapin des guirlandes de fleurs et même des offrandes pour la construction d'une chapelle. C'en fut assez pour provoquer de la part du gouvernement de rigoureuses mesures. Le 7 septembre, le Kreisdirector annonça l'envoi de soldats prussiens pour être préposés à la garde de la forêt, et le même soir, le commissaire de police, escorté de plusieurs de ses agents, se faisait accompagner au Frankenberg, par M. le maire de Neubois.

Arrivé au plateau sur lequel se réunissaient les pèlerins, le commissaire de police publia à trois différentes reprises, au nom de la loi, qu'il était sévèrement défendu de visiter cet endroit. Le frère de ce fonctionnaire prit une hache, et fit, à grands coups, voler en pièces la rustique chapelle construite au pied du vieux sapin. Les planches et le bois de la charpente furent remis au garde forestier. Quant au tronc qui renfermait les offrandes des fidèles, le maire, auquel on voulut le confier, refusa de prendre la moindre participation à cet acte arbitraire. Sur l'observation du garde forestier que la petite image de la sainte Vierge, en quelque sorte incrustée dans le vieux sapin, s'y trouvait depuis de longues années, on l'y laissa. Les agents de police ne se retirèrent qu'après avoir achevé leur œuvre de destruction.

Quelques jours après la Sœur de l'école, accusée d'être l'auteur de cette affluence de pèlerins, recevait l'ordre de quitter le pays.

Pour surcroît de précautions, un détachement militaire arrivait dans l'endroit, et se logeait chez les habitants qu'on forçait de lui fournir même la nourriture. Défense formelle était faite d'entrer dans la forêt, et personne aux environs ne pouvait accorder l'hospitalité aux étrangers, sous quelque prétexte que ce fût. L'occupation militaire devait durer tant que les pèlerins ne cesseraient pas d'affluer sur la montagne. Toute personne surprise dans la forêt était condamnée à payer une amende de 20 thalers, soit 75 francs.

On conçoit que des mesures d'une rigueur aussi excessive aient forcément fait diminuer le nombre des visiteurs : bien des personnes pieuses ne se laissèrent pas cependant intimider, elles se rendirent aux abords de la forêt, et la sainte Vierge, comme pour les récompenser de leur ferveur, se montrait à elles, mais de plus loin, et à une hauteur plus considérable qu'auparavant.

Conversions et Guérisons.

Quand la sainte Vierge apparut à la Salette et à Lourdes, il fut permis pendant un certain temps de révoquer en doute la présence de la Mère de Dieu dans ces lieux privilégiés : il n'y avait en effet, en faveur de ces Apparitions, que le témoignage de quelques enfants.

Il n'en fut pas de même en Alsace ; des centaines de pèlerins à la fois contemplaient la sainte Vierge. Il n'est donc pas étonnant que le bruit de ces Apparitions se soit répandu aussi promptement, et que de toutes les contrées environnantes on soit venu en foule assister à la merveilleuse vision.

L'effet produit par la présence de Marie fut prodigieux. Les esprits forts de la contrée essayèrent bien là, comme partout, de tourner en ridicule, ce qu'ils appelaient la crédulité publique, mais leurs sarcasmes n'eurent pas le moindre écho : les gens même les plus indifférents devenaient tout à coup de fervents catholiques, on cite même un jeune homme qui aussitôt après avoir joui du spectacle de l'Apparition ne voulut donner aucun détail sur ce qu'il avait vu et se retira sur-le-champ à la Trappe ; d'autres dont la conduite était depuis longtemps un sujet de scandale, abandonnaient leurs mauvaises habitudes et menaient une vie exemplaire.

Un prêtre qui a exercé longtemps le saint ministère en Alsace affirmait, sans se prononcer sur la nature de l'Apparition, que l'effet moral produit à cette occasion sur les paroisses environnantes était immense et que dix missions n'auraient pas eu plus d'efficacité pour la conversion des pécheurs. Pendant une des visites que la Sœur de l'école faisait à la montagne, il se passa un fait que nous tenons à consigner ici. Une fille mal famée, des environs de Schelestadt, s'était rendue à la forêt afin de voir comme les autres l'Apparition. A peine est-elle arrivée que la sainte Vierge lui apparaît armée d'un glaive et s'avance vers elle en menaçant de la frapper. La pauvre fille, saisie de terreur, se réfugie derrière la Sœur et tombant à genoux : Pardon, miséricorde, miséricorde, s'écrie-t-elle d'une voix déchirante.

A ces mots, le courroux de la sainte Vierge disparaît et la nouvelle Madeleine ne rencontre plus qu'un regard empreint d'une ineffable douceur.

Si les pécheurs étaient ainsi favorisés, les âmes pieuses étaient loin d'être privées de consolations ; des grâces nombreuses s'obtenaient chaque jour sur la montagne et Marie même ne refusait pas à ses enfants les bienfaits matériels qu'ils sollicitaient parfois de sa bonté toute puissante.

Des guérisons éclatantes se produisirent au Frankenberg et dans les environs, par suite de l'intercession de Notre-Dame de Neubois.

Une des jeunes filles, Léonie Benoît, qui voyait toujours l'Apparition, avait mal aux yeux depuis longtemps. Encouragée par la bonté de Marie qui daignait ainsi se montrer si souvent à ses regards, elle eut l'idée de faire une neuvaine sur la montagne même, afin d'obtenir sa guérison. La neuvaine était à peine finie que toute trace de maladie avait disparu.

Au mois d'octobre, une dame, accompagnée de sa fille, vint sur la montagne témoigner sa reconnaissance à Marie. Cette dame, née sur les confins de la Russie, s'était trouvée le 7 septembre au lieu de l'Apparition, et là, avait, les bras en croix, demandé la guérison de son enfant. Le soir même, en quittant ce lieu béni, elle avait dit : « Il faut que je me hâte, car autrement je risque de ne plus trouver ma fille en vie. » A son retour, chose admirable, la jeune fille était parfaitement guérie.

Une pauvre fille de Cernay (Haut-Rhin), souffrait au bras, depuis plusieurs mois, de rhumatismes aigus qui lui rendaient le travail très-pénible. Cet état l'affligeait d'autant plus qu'elle est forcée de gagner son pain. Après le pèlerinage de Neubois, elle obtint une guérison radicale. Sa déposition qu'elle n'a faite que sur la demande qui lui en a été adressée, atteste en outre, qu'à trois reprises différentes, elle a vu la sainte Vierge.

Catherine Steich, des environs de Neubois, était atteinte d'une maladie de poitrine arrivée à sa dernière période : à la vue de l'Apparition elle fut subitement guérie.

Un enfant de Mulhouse, qui, malgré ses quatre ans n'avait pu jusque-là ni parler ni marcher, fut conduit par sa mère en pèlerinage au pied de la montagne.

En arrivant la mère aperçoit la sainte Vierge et s'écrie : « Mon enfant est guéri. »

Elle descend en toute hâte de la voiture qui les a

conduits, et en effet le petit enfant marche à ses côtés et gravit comme elle la montagne. Bien plus, arrivé sur le plateau sa langue se délie et il demande du pain à sa pauvre mère qui, folle de joie, le prend dans ses bras et l'élève vers le ciel en pleurant et en bénissant Marie.

Nous ne pouvons résister au plaisir de citer le naïf récit que le vieux garde champêtre de Reichsfeld a fait lui-même de sa guérison :

« Je sais une chose, dit-il, c'est que j'avais une pauvre misérable jambe à peu près desséchée, et que cette jambe si malade a été instantanément guérie. Depuis fort longtemps je ne pouvais marcher sans l'aide d'un bâton, et encore étais-je obligé d'appuyer la main contre mon côté, ou impossible d'avancer. Ma jambe, à moitié paralysée, me faisait souffrir depuis la hanche jusqu'aux pieds. J'étais complètement épuisé au bout de cent ou deux cents pas, et sentais un invincible besoin de m'arrêter.

« Depuis qu'il était question des apparitions de la très-sainte Vierge à Neubois, j'avais eu plusieurs fois la pensée d'y aller. Transporte-toi là, me disais-je, et là tu demanderas à la bonne Mère de guérir ta jambe. — Mais je n'y songeai plus quand on vint me raconter que les Prussiens avaient menacé d'une amende de soixante-quinze francs tous ceux qu'ils pourraient attraper à la montagne. — Cependant les vendanges arrivent, ma femme était malade, et moi à demi paralysé ; comment vendanger mes quelques pièces de vigne ?... Je fus alors trouver M. le maire pour obtenir, sur l'exposé de ma situation, l'autorisation de commencer mes vendanges un jour plutôt que les autres, attendu que ma femme et moi n'étions pas en état de les faire, et que plus tard les ouvriers seraient introuvables. La permission de M. le maire accordée, je pris donc mon bâton, et m'en allai tout doucement avec mes gens vers le Rubberg afin de leur indiquer mes pièces de vignes.

« Hélas ! je n'atteignis qu'avec des efforts extrêmes la première vigne !... Arrivé là, je n'en pouvais plus. Je m'assis donc et, tandis que mon esprit était traversé des plus tristes réflexions sur mon lamentable état, un éclair sillonne tout à coup mes sombres pensées, je me dis: Mais la Reine du ciel peut te venir en aide. Et, comme si déjà elle était réellement venue à mon secours, je promis de faire le pèlerinage deux fois tous les ans et de suspendre mon bâton au *vieux sapin*. Puis, sans m'arrêter davantage, je rentrai chez moi. Or, le lendemain qui était un dimanche, je suis allé ferme sur mes jambes et sans bâton à l'église où j'ai assisté à tous les offices. Le lundi j'ai accompagné mes vendangeurs, j'ai travaillé autant qu'eux, et, comme eux, porté au dos mon barillet de vin nouveau.

« Le mercredi suivant je songeai à faire l'examen de ma jambe, j'ôte mes bas, que vois-je ?... ma jambe droite aussi saine que celle de gauche, toute trace de maladie avait disparu.

« Je suis allé à Neubois et j'ai suspendu mon bâton au *vieux sapin*. Je suis retourné à plusieurs reprises pour remercier ma Bienfaitrice, et je me propose de faire plus d'une fois encore ce pèlerinage.

« Maintenant voici que des gens qui croient tout savoir, mais qui au fond ne savent rien, veulent m'expliquer à leur façon ma subite guérison. Moi, je reste inébranlable dans la croyance que je la dois à la Reine du ciel. »

L'enquête faite par les ordres de l'autorité municipale a pleinement confirmé ce récit.

Nous n'en finirions pas si nous voulions énumérer toutes les guérisons obtenues à Neubois, ou par l'intercession de Notre-Dame de Neubois, nous nous contenterons pour finir d'emprunter à l'*Espérance* de Nancy du 25 février, le récit d'une guérison extraordinaire attribuée à *Notre-Dame de Neubois*; nous avons répété ce titre, émané de cœurs reconnaissants, mais sans lui donner nous-même d'autre valeur que celle de la fidélité d'une citation.

« Rosalie Houillon, âgée de quatorze ans et quelques mois, de la Ceme-Manée, commune de Turquestein, paroisse de Saint-Quirin (Alsace-Lorraine) vient d'être guérie le troisième jour d'une neuvaine faite à *Notre-Dame de Neubois*. Cette jeune fille n'avait que six ans, quand elle fut atteinte de la rougeole. Cette maladie disparut bientôt, mais une autre lui succéda immédiatement, et dura trois ans, sans que M. le docteur Martin, de Cirey (Meurthe), qui la visitait fréquemment, ait pu en déterminer la nature. Les trois ans écoulés, les membres de l'enfant commencèrent à trembler, et ce tremblement dura deux ans.

« Les parents s'aperçurent que la tête de l'enfant, jusqu'alors droite et mobile, comme celle des autres personnes, succombait et devenait immobile. Le menton atteignit le haut de la poitrine, et, en arrière du cou, apparut une bosse plus grosse que le poing. L'enfant ne pouvait lever la tête, ni la tourner à droite ou à gauche. Son père la conduisit, en cet état, à Lorquin, pour consulter M. le docteur Lorrain. Celui-ci déclara qu'on ne pouvait relever le cou sans le casser. C'était la condamnation de l'enfant à rester toute sa vie sans pouvoir remuer la tête : heureusement pour la pauvre malade que la puissance de la sainte Vierge est plus étendue que celle des médecins.

« Samedi, 15 février, l'enfant apprit qu'il n'était plus possible de douter qu'à Neubois la sainte Vierge apparaissait à un grand nombre de personnes; que plusieurs guérisons avaient été opérées, en particulier celle d'une boiteuse. « Ah ! s'écria-t-elle, avec l'accent « d'une foi vive, j'irais bien à Neubois pour être « guérie ! Il faut m'y conduire ! »

« Son père lui dit : « C'est un peu loin : d'ailleurs ce n'est pas nécessaire, si tu as une grande confiance tu peux être guérir ici même. — Commençons une neuvaine, dit l'enfant. »

Toute la famille, le père, la mère, l'enfant et deux de ses sœurs firent une neuvaine à *Notre-Dame de Neubois.*

« Le lundi 17, l'enfant fit soudain un mouvement, les nerfs du cou craquèrent, son menton se souleva, sa tête put se porter à droite, à gauche et même en arrière. La bosse n'était presque plus visible, et elle diminue tous les jours. Quelle agréable surprise pour l'enfant et toute la famille ! Les personnes qui avaient vu la jeune fille auparavant et qui la voient maintenant s'écrient : « Miracle ! » Celui qui écrit a eu l'occasion de voir l'enfant plusieurs fois avant et depuis sa guérison : il a cru de son devoir de faire la relation de cette guérison subite, pour la gloire de Dieu et la glorification de la Vierge de Neubois. »

Le Frère Joseph.

Les apparitions ne finirent point avec l'année 1872 : elles continuèrent en 1873, et au moment où nous écrivons, avril 1874, Marie ne cesse de manifester sa présence aux environs de la montagne bénie. Nous n'entreprendrons point de raconter, même dans leur ensemble, les principales apparitions : ce serait toujours la même affluence de pèlerins, les mêmes émotions ; nous préférons donner avec quelque étendue les détails publiés par un journal religieux de Paris (1) sur les visions dont fut témoin à Neubois et à Walbach un certain Joseph N. La sainte Vierge semble avoir choisi ce jeune homme au milieu de ses nombreux serviteurs, pour en faire le confident des desseins de la divine Providence sur la France et la Prusse et le charger d'annoncer à ces deux nations coupables les malheurs qui vont fondre sur elles si

______

(1) *Le Pèlerin*, abon. 6 fr. par an, 6, rue François Iᵉʳ.

elles ne reviennent pas promptement à des sentiments plus chrétiens.

Voici d'abord quelques détails biographiques sur le jeune Voyant.

Joseph N..... naquit le 14 mars 1853 à Walbach, village de huit cents habitants, dans la vallée de Saint-Grégoire, à 11 kilomètres de Colmar. C'est une paroisse pleine de foi, qui a eu le bonheur de garder dans leur intégrité les pieuses traditions de la catholique Alsace.

La famille de Joseph N..... donne particulièrement le spectacle de la foi et de l'aimable simplicité des plus beaux jours. Le père et la mère sont de vénérables vieillards, entourés de l'estime et du respect universels. Ils jouissent d'une certaine aisance, fruit d'une vie laborieuse et d'une parfaite économie.

Leur fille aînée partage avec sa mère les soins du ménage : le plus âgé des garçons finit ses études de théologie au grand séminaire.

Joseph, le plus jeune, et le seul qui doit nous occuper ici, aidait son père dans les travaux. Dès sa plus tendre enfance il manifesta pour la sainte Vierge une dévotion peu ordinaire : la vue d'une image de Marie lui inspirait les élans de la joie la plus vive. Dès qu'il put conduire aux champs le troupeau de son père, son plus doux plaisir fut d'orner de bouquets et de guirlandes de fleurs les nombreuses croix élevées sur le bord des chemins et à l'entrée des bois.

A l'époque de sa première communion sa piété ne fit que s'accroître, et il devint de beaucoup le garçon le plus rangé et le plus fervent du village ; aussi quelques-uns de ses camarades qui ne montraient pas pour le service de Dieu les mêmes attraits l'appelaient-ils le *grand bigot.*

En 1872, au moment où les premières apparitions se manifestaient à Neubois, Joseph avait 20 ans. Il hésita quelque temps à croire aux choses merveilleuses qu'on lui racontait, mais quand il apprit que dans une récente apparition, la sainte Vierge avait prononcée ces paroles : « Priez, et faites pénitence, » il sentit ses doutes se dissiper et son plus vif désir fut de se rendre sur la montagne.

Ce jour heureux arriva le 3 février 1873.

Quand Joseph, après un assez long voyage, parvint au pied de la montagne, plus de 8,000 pèlerins s'y trouvaient déjà réunis. Impossible de s'agenouiller sur un sol que le dégel et de continuels piétinements ont fortement délayé. Notre jeune voyageur se contente donc de s'appuyer sur une tige de châtaignier, pour réciter son rosaire et lire dans un livre de piété.

Deux heures se passent ainsi.

« Vers 11 h. 1/2, un cri part de la foule : « La sainte Vierge arrive ! » Joseph, en effet, aperçoit comme tout le monde, les nuages qui s'abaissent et s'entr'ouvent. De leur sein sort un globe lumineux, qui se place entre les cimes rapprochées d'un pin et d'un sapin. Il brille un instant et rentre dans la nue, laissant après lui un vif éclat d'or qui rejaillit sur tous les assistants. Peu après les nuages s'abaissent de nouveau, se déchirent et de leur sein s'échappe une splendeur d'un rouge rose, au milieu de laquelle apparaît l'auguste Vierge Marie.

« Joseph semble avoir été le seul à voir la Vierge. Elle avait la pose de l'Immaculée-Conception, toute vêtue de blanc, avec une ceinture de l'éclat du diamant, les cheveux châtains tombant avec grâce sur les épaules, le visage un peu allongé, les sourcils bruns, les yeux bleus, la peau de la plus fine blancheur, les lèvres d'un rouge incarnat, la taille au-dessus de la moyenne, toute la physionomie d'une douceur ineffable.

« Joseph prétend avoir, à sa vue, poussé ce cri : « Voici la Reine du ciel ! » Puis il reste debout, muet dans sa contemplation. Bientôt il voit apparaître une multitude d'anges chantant de célestes cantiques. Il veut les compter, mais la splendeur de Marie devient si éblouissante que Joseph tombe sans connaissance dans les bras de ceux qui l'entourent. Cette première syncope dure une demi-heure. Quand il revient à lui, il regarde et aperçoit encore Marie à la même place. Il s'écrie, dans son bonheur : « O Marie, conçue sans péché ! » Aussitôt jaillissent de l'Apparition des faisceaux lumineux si éclatants que le jeune homme en est une seconde fois ébloui. »

Quand Joseph eut repris ses sens, ses compagnons de voyage l'entourèrent de leurs soins et le reconduisirent à la station du chemin de fer.

Arrivé à Walbach le jeune voyant, qui n'a rien pris de la journée, reste encore un jour entier sans ressentir le besoin de nourriture, et raconte avec sa franchise et sa simplicité habituelles, les merveilles dont la sainte Vierge l'a favorisé.

Le 24 février, Joseph retourne de nouveau à la montagne, et cette fois, il aperçoit près de Marie un vénérable prêtre, en soutane blanche et calotte de même couleur. C'est Pie IX : Marie étend sur lui les deux mains, puis lui donne à baiser une croix noire à laquelle est attaché un christ blanc.

« Deux fois Elle ordonne au Voyant de faire agenouiller la foule et d'entonner le *Salve Regina :* deux fois Elle bénit toutes les personnes présentes. Joseph s'écrie : « Ah ! Mère de Jésus, suis-je donc digne de vous voir ? » Il demande encore à l'Apparition : « Que désirez-vous que nous fassions ? » Elle répondit : « Priez, et ne cessez de prier. »

Joseph ne devait bientôt plus retourner à Neubois, et c'est à Walbach même que Marie, dans sa maternelle bonté, viendra le visiter.

Malgré la longueur du récit que publie le journal (1) auquel nous empruntons ces détails, nous ne pouvons résister au plaisir de citer en entier l'historique des premières apparitions de Walbach ; cet historique est d'autant plus intéressant qu'il n'est que la reproduction des déclarations faites par les témoins oculaires, entre les mains mêmes de M. le curé de Walbach. La personne qui l'a rédigé ne parle que des événements importants auxquels elle a pris part elle-même.

(1) *Le Pèlerin.*

« Ce fut le samedi-saint que Joseph N... eut à Neubois la dernière apparition.

« Deux jours après, le lundi de Pâques, vers onze
heures du soir, un homme et un enfant suivaient le
chemin qui conduit de Wihr-au-Val à Walbach. C'é-
tait par une splendide nuit de printemps, et la lune,
au milieu d'un ciel magnifiquement étoilé, répandait
des flots de clarté dans la belle vallée de Saint-Grégoire. Cet homme et cet enfant marchaient dans un
silence profond, rompu seulement par le bruit de leurs
pas sur un chemin dur et pierreux. Le premier était
un vigneron de Walbach, du nom de Grimm ; le second, un pauvre orphelin, élevé à l'hôpital de Colmar,
puis confié à ce vigneron. Il s'appelait Xavier Hergott,
et était âgé de 13 ans.

« Tout à coup, arrivé à mi-chemin de Wihr et de
Walbach, l'enfant se prend à trembler et se presse
contre son compagnon de route, auquel il indique du
doigt la colline opposée. Grimm, ne voyant rien, interroge l'enfant. — « C'est une lumière toute blanche
au milieu de là montagne, » répond Xavier.

— « Récitons le chapelet, se contente de dire son
maître ; c'est peut-être la sainte Vierge qui veut nous
apparaître. »

« Ils commencent la récitation du chapelet. Arrivés
à deux cents pas du village, l'enfant, qui n'a pas déta-
ché les yeux de la clarté aperçue, et pour lui toujours
visible, tremble plus fort et s'agenouille sur le bord
du chemin : « La Mère de Dieu, s'écrie-t-il, qu'Elle
est belle ! » — Et Grimm qui ne voit rien, s'agenouille

à côté de l'enfant ; il croit à la présence de Marie parce que Xavier le lui a dit, et leur prière devient plus fervente.

« C'est l'image de la sainte Vierge que prétend voir Xavier, entourée de beaux nuages d'un éclat d'argent. La tête lui apparaît ceinte d'une couronne de brillantes étoiles.

« Grimm et Xavier, toujours à genoux et priant sur le bord du chemin pierreux, au milieu des vignes, entendent les pas de quelqu'un qui approche. Ils reconnaissent bientôt le nouvel arrivant ; c'est le fils du maire de Walbach, Emile Martin, jeune homme de 24 à 25 ans, d'une conduite légère jusqu'alors. Arrivé près de Grimm et de Xavier, il s'arrête, étonné de les voir prier en pareil lieu, et à pareil moment. Il les interroge, Xavier dit qu'il voit la sainte Vierge. A cette réponse Martin se met à vomir un torrent d'injures et de blasphèmes ; mais il est renversé aussitôt la face contre terre et comme par une main invisible. Il se relève et recommence à blasphémer avec plus de force. Il est renversé de nouveau, mais si rudement cette fois, qu'il lui faut, pour se relever, le secours de Grimm et de l'enfant. Son visage, tout ensanglanté, a été déchiré dans sa chute par les cailloux du chemin. Alors il ouvre les yeux, mais c'est pour trembler et s'agenouiller : il voit, lui aussi, celle qu'il a outragée, il récite avec larmes le chapelet, en se servant de celui que Grimm lui met dans les mains.

« Plus tard, ayant moi-même interrogé ce jeune homme à l'endroit où il avait été renversé, il me raconta ce que je viens de dire, et ajouta : « Venez, monsieur l'abbé, c'est ici que j'ai été renversé, que j'ai appris à réciter le chapelet, et je dirai toujours, quoi qu'il puisse arriver, que j'ai vu ici la sainte Vierge. »

« Il la vit longtemps ce soir-là. Minuit avait déjà sonné lorsqu'il songea à rentrer dans la demeure de ses parents, située au-dessus du village. De la terrasse qui en précède l'entrée, il aperçoit encore l'Apparition : il réveille ses parents, et leur annonce qu'il voit l'Apparition. Ceux-ci ne savent d'abord s'il se moque d'eux ou s'il a l'esprit dérangé : ils finissent cependant par se rendre à son accent convaincu.

« Le lendemain matin, de très-bonne heure, le bruit des choses merveilleuses qui s'étaient passées dans la nuit se répandait déjà dans tout le village. Nul ne saurait exprimer combien est forte l'émotion qui s'empare des multitudes croyantes et religieuses sous le coup de pareils bruits.

« Dès ce moment, l'endroit du chemin où Xavier Hergott s'était agenouillé, où Emile Martin avait été terrassé, où tous deux prétendaient avoir été favorisés d'une apparition de la sainte Vierge, ce lieu où chacun dans le village avait passé, on peut le dire, des centaines de fois, fut visité et réputé saint. Le soir, à l'église, les fidèles se réunirent en plus grand nombre que de coutume, pour la récitation du rosaire. On invoquait la Vierge à son autel avant d'aller en foule l'invoquer à l'endroit béni, sanctifié par son apparition. Plus de la moitié du village se trouva réuni cette fois-là sur le chemin qui conduit à Wihr.

« Joseph y alla aussi. Il avait d'abord refusé de croire à cette nouvelle apparition. Il ne se décida à se rendre sur les lieux qu'après s'être renseigné auprès des deux personnes qui prétendaient avoir vu la sainte Vierge. La nouvelle du changement d'Emile Martin l'avait frappé, sans toutefois produire dans son esprit une entière conviction.

« Ce soir-là on récita le chapelet, les litanies de la Vierge ; on chanta des cantiques, des motets dédiés par l'Église à la Mère de Dieu. Longtemps on pria.

« Il était onze heures et demie, on se disposait à se retirer, quand tout à coup des enfants, des jeunes personnes déclarent voir la sainte Vierge. Ils éprouvent un saisissement qui se traduit au dehors ; leurs yeux se fixent sur un point de l'espace. Ceux qui les entourent ne doutent point de la présence de l'Apparition. On la salue par des cantiques et des prières plus fervents.

« Cependant jusqu'à une heure du matin, Joseph avait persévéré dans sa prière sans rien voir : on s'étonnait qu'il fût moins favorisé que tant d'autres; mais il répondait avec la sincérité qui le caractérise : « Je ne puis dire que je vois, quand je ne vois pas. » Puis il continuait sa prière. Il ne devait pas tarder cependant à partager le bonheur de ses compagnons.

« Déjà un secret pressentiment le fait redoubler de ferveur. A sa prière se mêlent d'ardents soupirs, de vives aspirations vers cette ineffable beauté qu'il avait contemplée sur les hauteurs du Frankenberg. Soudain, lui aussi s'écrie :

« Je la vois, je la vois ! oh ! qu'Elle est belle !

« Son vêtement est encore d'une blancheur éclatante, la même ceinture bleue entoure sa taille, la
même couronne de roses blanches couvre son front
d'une pureté virginale : Elle se montre à lui en un
mot telle qu'Elle lui est apparue à Neubois. Ses bras
sont tantôt étendus vers la terre, tantôt ramenés sur
sa poitrine. Ses pieds, d'une beauté toute céleste, re-
posent sur de magnifiques nuages bleues presque à
fleur de terre, à quelques pas à peine de l'heureux
voyant.

« Cependant, celui-ci s'enhardit, il s'adresse à celle
que, dans le fond de son cœur, il appelle encore la
Mère de Jésus et la sienne. « Au nom de Jésus, dit-il
à l'Apparition, je t'adjure de me dire si tu es vraiment
la Mère de Dieu ! » Et Marie daigne répondre à cette
sorte de sommation que lui fait son dévot serviteur :
« Je suis la Mère de la divine miséricorde, » dit-Elle.
Et la Mère de miséricorde parle à son enfant, lui dit des
choses cachées que Joseph aura mission de faire connaître le 20 avril, lors d'une nouvelle Apparition. »

Voici comment le même narrateur rend compte de
cette remarquable Apparition :

« Ce jour-là, 20 avril, le temps était mauvais ; il
avait plu toute la nuit ; le ciel était resté couvert, et il
ne cessait de tomber une pluie torrentielle.

« Vers midi, je me rendis à l'endroit des Apparitions : j'y trouvai une foule immense, j'arrivai avec
beaucoup de peine auprès du Voyant, agenouillé,
comme dans la boue, devant le petit oratoire élevé à

l'endroit ou le jeune Martin avait été terrassé. La foule récitait alors les litanies de la Sainte-Vierge, tandis que Joseph égrainait son chapelet avec une grande ferveur. L'impression que j'éprouvai en le voyant ne lui fut guère favorable; néanmoins, je ne détachais pas mes yeux de son visage. Midi commença à sonner à l'église du village. Au dernier coup de l'horloge, je vois soudain son visage pâlir, ses yeux, comme éblouis, se fermer, puis s'ouvrir et se fixer. Il tressaillait sous l'empire d'une visible émotion. On avait aussitôt entonné le *Salve Regina*. Toute cette scène me frappa beaucoup, je n'avais jamais vu pareil spectacle, et cependant je fus très-peu persuadé de la réalité d'une apparition. J'avais beau regarder dans la direction que prenaient les regards de Joseph, je ne voyais qu'une éclaircie au milieu d'un ciel couvert de nuages. L'expression extatique de son visage, non plus qu'une forte odeur d'encens et de parfums entremêlés, que rien autour de nous ne pouvait exhaler, ne suffirent pas à me convaincre. J'étais prévenu et ces préventions devaient durer assez longtemps et ne tomber que devant l'évidence des faits.

« L'état de Joseph durait depuis plus d'une heure et demie, et pendant tout ce temps on attendait qu'il pût parler. Bien des fois j'avais vu remuer ses lèvres, mais sans rien entendre. On concluait, autour de moi, qu'il parlait à l'Apparition. Le chant des cantiques, la récitation du rosaire et des litanies n'en avaient pas moins continué. Revenu enfin de son extase, Joseph parla.

« La sainte Vierge lui était apparue toujours aussi belle, aussi resplendissante de lumière et de blancheur que les premières fois. Elle lui demande d'élever une chapelle à l'endroit même où elle apparaît, et réclame que le monde prie et fasse pénitence pour détourner les plus horribles fléaux : gelées, famine, peste, grêle, tremblement de terre, guerre, massacre. (C'est là l'objet des communications faites à Joseph dans la première apparition de Walbach.) Puis Elle ajoute pour la propre consolation de son pieux serviteur : « Bien des personnes et même des prêtres ne voudront pas te croire, mais pour toi, ne t'en troubles pas; malheur à eux ! malheur à eux ! ils deviendront les victimes de la Révolution et de leurs plus terribles ennemis, les francs-maçons, les précurseurs de l'Antechrist. » Ces dernières paroles me troublèrent et ébranlèrent mon incrédulité. »

La sainte Vierge, avant de disparaître, fit à Joseph de nouvelles révélations, qu'il devait tenir soigneusement cachées et que nous raconterons plus loin.

« Le soir, après les vêpres, Joseph reçut la visite de deux gendarmes prussiens. Je les avais suivis et j'assistai à tout l'interrogatoire : les réponses précises, franches et courageuses de Joseph m'étonnèrent. — « Vous troublez l'ordre public, lui disaient les gendarmes. »

« Je ne trouble pas l'ordre public, répondait Joseph ; si je vais à cet endroit, c'est pour y prier et voir la sainte Vierge, et je n'appelle point le monde, il vient de lui-même. »

Comme les pélerins affluaient dans la vallée de Saint-

Grégoire, aussi nombreux qu'à Neubois, la police prussienne crut devoir faire enlever la petite chapelle élevée au bord du chemin.

Dès le lendemain, des ouvriers aux frais de M. Diringer, propriétaire du vignoble voisin, et concurremment avec M. Martin, le maire de Walbach, qui avait fourni le bois, travaillèrent à niveler le terrain qu'avait cédé le premier, et y élevèrent une chapelle en bois et en briques, pouvant contenir une vingtaine de personnes. Des dames de Colmar et d'autres localités l'embellirent de leurs dons et travaillèrent de leurs propres mains à l'orner. Elle fut prête pour le samedi matin.

Dans une apparition que Joseph avait eue quelques jours auparavant la sainte Vierge lui avait confié de nouveaux secrets et indiqué les prières qu'on devait réciter, puis lui avait ordonné de revenir le samedi 3 mai, jour de l'Invention de la Sainte-Croix, à trois heures de l'après-midi.

Voilà pourquoi on s'était tant hâté de refaire la chapelle.

Cette date du 3 mai avait été annoncée un peu partout : aussi l'affluence des pèlerins était-elle considérable ; mais hélas ! on avait compté sans les Prussiens.

Vers deux heures et demie en effet, au moment où peut-être dix-mille personnes se trouvaient réunies aux abords de la chapelle, un escadron de dragons prussiens et deux compagnies d'infanterie badoise se rangeaient derrière l'assistance. Le commissaire qui les accompagne ordonne à la foule de se disperser et, au même instant, sur le commandement de leur chef, les dragons s'avancent le sabre au poing, suivis de l'infanterie, la baïonnette au bout du fusil.

On devine aisément la scène effrayante qui suivit: les dragons, avec leur brutalité habituelle, renversaient les femmes et les enfants sous les pieds de leur chevaux, frappaient à droite et à gauche de nombreux coups de plat de sabre, pendant que l'infanterie usait largement de la crosse de ses fusils.

Marie veillait sans doute sur ses pieux serviteurs, car il ne se produisit aucun accident grave. Les pèlerins se réunirent à l'église du village et y restèrent longtemps, mais aucune apparition n'eut lieu ce jour-là.

Deux jours après Joseph et Grimm étaient cités devant le juge de paix, comme troublant la paix publique.

Joseph, si timide avec tout le monde, répond avec tant de fermeté que le juge en est lui-même tout surpris et ne trouve nul motif de condamnation.

« Vous ne devriez pas cependant, ajoute-il, dire à tout le monde ce que vous prétendez voir » — « Ce que je vois, je le dirai toujours, répond Joseph, je le dirai partout. Si vous voulez m'en empêcher, tenez, me voici, prenez-moi, faites de moi ce que vous voudrez ; mais aussi longtemps que je pourrai parler, je ne ne me tairai pas. Si vous, monsieur le juge de paix, pouviez voir la sainte Vierge, et si vous la voyiez, diriez-vous que vous ne la voyez pas ? On prétend que je suis épileptique, cataleptique, etc. ; vous avez des médecins, ils n'ont qu'à m'examiner, et à vous dire ensuite si je suis malade. »

Le juge de paix prononce l'acquittement de Joseph aux applaudissements de l'auditoire. Quant au pauvre Grimm, sa surdité presque complète ne lui a pas permis de saisir les questions qu'on lui a posées ; il a répondu d'une manière incohérente qui a indisposé le juge, et l'infortuné est condamné à huit jours de prison, et aux frais du procès, pour délit de *perturbation de l'ordre public.*

Malgré ses visites quotidiennes à la chapelle, Joseph ne voyait plus l'Apparition. Pendant cinq jours il prie et pleure sans être exaucé : enfin le 10 mai Marie lui apparut de nouveau et le prévint que désormais les apparitions auraient lieu à l'église de Walbach, pendant la récitation des prières qu'elle avait ordonnées.

En effet Joseph y vit la sainte Vierge, les 18, 23 et 28 mai suivants. Celle-ci lui répéta de nouveau qu'il fallait prier, prier beaucoup et faire pénitence ; que le bras de son Fils s'appesantissait.

Le lundi de la Pentecôte, le 2 juin, l'Apparition offrit des particularités inaccoutumées que nous devons consigner. La sainte Vierge, une couronne d'or sur le front, tenait l'enfant Jésus dans ses bras. A ses pieds une bataille terrible s'engageait entre Français et Prussiens. Le bruit du canon, le cliquetis des armes retentissaient aux oreilles de Joseph qui voyait en même temps couler le sang et s'entasser des cadavres mutilés. Marie et son Fils tiennent, pendant le combat, leur main étendue sur l'armée française, qui culbute les Prussiens et les force à chercher leur salut dans la fuite.

Dans les Apparitions qui vont suivre Joseph reçoit l'ordre d'entrer le 9 juillet dans un couvent, et deux fois il reverra des combats entre Français et Prussiens, et toujours les Prussiens seront battus.

Dans la dernière bataille les Français sont conduits par *un général monté sur un cheval blanc* et, particularité remarquable, ce *général n'a qu'un de ses pieds dans l'étrier et une de ses jambes semble raide. A ses côtés flotte le drapeau blanc fleurdelisé !*

Le 1er juillet avait lieu la dernière Apparition que Joseph devait avoir à Walbach :

Quand Marie eut disparu, Joseph eut sous les yeux un spectacle étrange que nous devons décrire en entier.

« Deux guillotines sont dressées sur une grande place. Au pied de ces guillotines, dont Joseph donne tous les détails, il découvre une foule composée de prêtres, de religieux et de laïques, les mains liées derrière le dos. Les prêtres n'ont pas de soutane, mais un habit long ! Joseph les reconnaît à la tonsure. Les laïques se composent d'hommes, de femmes, de jeunes gens et même d'enfants. Autour de ces malheureuses victimes, circulent, l'arme au bras, des soldats prussiens qu'il reconnaît à leur casque pointu et à leur uniforme. D'autres, des Prussiens aussi, font monter aux prêtres et aux laïques les degrés de l'échafaud en les maltraitant fort. Il les voit attacher sur la planche et placer sous le couperet en forme de demi-lune, il voit le sang jaillir et leurs têtes rouler au pied de l'échafaud.

« Au second plan, si je puis parler ainsi, entre les deux guillotines, est un autel au pied duquel il distingue un prêtre noir, revêtu d'ornements noirs. Là sont conduits deux généraux allemands lesquels pressent ce prêtre de monter à l'autel. Il essaie ; mais une main invisible le repousse et rend ses efforts impuissants.

« Plus loin encore est un autre autel au pied duquel se tient N. S. P. le Pape Pie IX. Il est l'objet des rires et des sarcasmes de la foule d'impies qui l'environne. A ses côtés sont plusieurs prêtres fidèles avec lesquels il monte les degrés de l'autel revêtu de ses blancs ornements.

« Après cette vision, la Mère immaculée du Sauveur répéta à Joseph que c'était la dernière fois qu'Elle lui apparaissait à Walbach. Elle lui confia de nouveaux secrets, touchant l'avenir sans doute, car lorsqu'on en demande la nature à Joseph, il ne répond que ceci : — « Vous le verrez tous ; lorsque le temps en sera venu, je le dirai. »

Les Apparitions produisirent à Walbach le même effet qu'à Neubois. « Il est bien doux pour moi, écrit le curé de Walbach, de voir que le zèle et la piété du peuple ne fait qu'augmenter. Dès quatre heures du matin, l'on vient en grand nombre prier dans la chapelle. Les prières de l'église, à l'heure de midi, se font avec une grande ferveur. On fait des neuvaines en l'honneur de la sainte Vierge, et aussi de très-fréquentes communions. Beaucoup de personnes ne se contentent pas des prières, elles y joignent des jeûnes, comme pratiques de pénitence. »

On raconte également qu'une possédée du démon fut subitement délivrée dans la chapelle des Apparitions, et qu'une personne, paralysée depuis vingt ans, fut guérie instantanément en présence de tout le village assemblé.

Si évidemment les Apparitions eussent été dues à une intervention diabolique, des faits de ce genre n'auraient pu se produire.

Le 9 juillet, selon la recommandation de la sainte Vierge Joseph quittait Walbach pour se rendre à Paris. Son voyage ne se fit pas sans difficulté, mais enfin il put parvenir dans la capitale et se rendre à la communauté qu'il avait choisie.

Ses premiers mois de noviciat furent assez pénibles : le démon essaya différentes fois de le rendre infidèle à sa vocation et de lui faire quitter la communauté ; mais grâce à ses prières ferventes Joseph put vaincre ces tentations et, la sainte Vierge aidant, il redevint calme et pieux comme auparavant.

Il lui restait cependant une mission à remplir ; la sainte Vierge lui avait confié divers secrets qu'il devait divulguer afin qu'ils fussent connus de tous, et il hésitait.

Une nouvelle Apparition qu'il eût au noviciat même, lui rendit le courage dont il avait besoin et il alla de suite ouvrir son âme à son supérieur.

Voici le premier secret : il ne raconta le second que le 19 mars dernier : nous le donnerons plus loin :

« Il faut que la France se convertisse. Elle s'est déjà convertie un peu ; mais elle doit se convertir complètement, sinon il y aura de grandes perturbations. — Les francs-maçons se sont coalisés ; mais bientôt je les écraserai. — Au milieu de la tempête surgira un homme qui vit dans la crainte de Dieu. Tous les cœurs se retourneront vers lui et l'aimeront. Des miracles éclatants signaleront sa venue, et les plus incrédules seront obligés de reconnaître l'intervention divine. — Bientôt toutes les divisions auront disparu en France, et l'homme de Dieu se jettera aussitôt sur l'Italie pour sauver le Pape. La Prusse lancera aussi deux armées : l'une en France, qui victorieuse d'abord, ira bombarder Paris ; l'autre volera au secours de l'Italie. Mais les Français seront aidés de deux puissances et prendront Rome. Puis ils reviendront en France pour en chasser les Prussiens. Une dernière et affreuse bataille leur sera livrée aux environs de Belfort. Les Français poursuivront les débris de l'armée prussienne jusqu'au delà du Rhin.

« Mais la sainte Vierge a dit qu'il faut prier beaucoup pour le triomphe de l'Eglise. Ensuite elle m'a recommandé d'aller dire ces choses à mon supérieur, et de lui faire savoir qu'il faut les faire connaître, afin que l'on prie davantage. »

Ceci se passait au mois d'octobre 1872.

Le 3 février 1873, Joseph s'était rendu à Notre-Dame des Victoires afin de célébrer au pied de l'autel privilégié de Marie l'anniversaire de la première apparition dont la sainte Vierge l'avait favorisé. Durant une heure entière, Joseph se sent repris avec sévérité, au plus intime de son âme, mais ce reproche est tempéré par quelque chose de suave au delà de toute expression. Des larmes coulent de ses yeux : il pleure son infidèlité ; il pleure aussi à cause de l'insuffisance et du retard des prières prescrites par l'Apparition.

Aussi, il vient résolûment se présenter à son supérieur, demandant avec instance que les choses qu'il avait mission de communiquer fussent portées à la connaissance de tous.

Après ce fait si extraordinaire de Notre-Dame des Victoires, ses supérieurs jusque-là si réservés et même si défiants, on peut le dire, envers Joseph, crurent ne pas devoir s'opposer entièrement à ses désirs, et voilà pourquoi le récit de ces premiers secrets a été livré à la publicité.

Comme nous l'avons dit plus haut, Joseph ne devait révéler ses derniers secrets que cinq mois après avoir fait connaître les premiers : il avait annoncé lui-même que le 19 mars 1873, il dirait tout à son premier supérieur. Joseph a tenu parole, et voici ces trois secrets qui regardent : l'un l'Allemagne, l'autre la France et le troisième l'Eglise.

Secret concernant l'Allemagne.

Nos lecteurs se souviendront qu'il a été communiqué à Joseph le 20 avril 1873 :

1° Le début des malheurs pour l'Allemagne sera

une loi impie lancée par le gouvernement contre les prêtres et les fidèles attachés au dogme de l'infaillibilité pontificale.

2° La persécution religieuse durera assez longtemps. Joseph parle même de huit années, si les prières publiques ne viennent pas y mettre fin. Il croit que c'est à cette persécution que se rapporte la vision du 1ᵉʳ juillet pendant laquelle il aperçut deux guillotines.

3° A la mort de Pie IX l'Allemagne voudra faire élire un pape de son choix et l'implanter à Rome; mais elle n'y réussira pas.

4° Par suite de la persécution l'Allemagne verra sa situation en Europe péricliter et toutes les autres puissances se tourner contre elle.

Secret concernant la France.

Il a été communiqué à Joseph le 23 mai 1873, la veille du jour où Mac-Mahon remplaçait M. Thiers.

La sainte Vierge a déclaré à Joseph que la France ayant donné aux autres pays le mauvais exemple, il faut qu'elle le répare en se convertissant.

Ce qui excite surtout la colère de Dieu, c'est la profanation du dimanche et le désordre des mœurs. Les prières faites jusqu'ici n'ont servi qu'à arrêter le bras de Dieu prêt à frapper. Il faut donc prier, prier beaucoup, afin non seulement de retarder les effets de la colère divine, mais de l'apaiser complètement, les malheurs qui nous menacent étant tous subordonnés à la conduite que nous tiendrons envers Dieu.

Quels seraient ces malheurs, c'est ce que Joseph ne sait pas au juste, mais il pense que ce sont ceux qui lui ont été énumérés lors de l'Apparition du 20 avril.

Les événements prochains ont sans doute été annoncés clairement par Joseph, mais ses supérieurs, eu égard à leur gravité, n'ont pas cru devoir les publier tels qu'ils les connaissent. Ils ont à dessein omis quelques circonstances et tu des noms propres.

Voici tout ce que le *Pèlerin*, qu'ils ont choisi pour organe, donne à ce sujet :

« En dehors des malheurs dont je viens de parler, et dont les plus terribles sont conditionnels, des faits considérables doivent survenir, d'après ce que croit Joseph, dans l'ordre suivant :

« C'est d'abord une première crise (*révolution, perturbation*), qui amènera un changement de gouvernement. Ce gouvernement s'inspirera, dans ses actes, de principes faux et pernicieux. Il voudra s'appuyer sur la révolution, tout en cherchant à la gouverner, ce qui amènera sa ruine.

« Avant la chute de ce gouvernement, il y aura guerre avec la Prusse et perte de deux batailles par les Allemands.

« Une seconde crise se produit à la chute du gouvernement dont je viens de parler. Les plus grands désordres éclatent alors à Babylone et dans trois autres villes. Joseph dit que ces quatre villes périront, c'est-à-dire que si ces villes ne profitent pas des années laissées à la France pour sa conversion, elles seront au moins en partie détruites.

« Joseph ne comprenant pas qu'elle était cette Babylone dont lui parlait Marie, lui dit : « O Mère de Jésus, quelle est cette Babylone ? » Elle lui répondit : « C'est Paris. » Puis elle ajouta : « Paris pourrait encore cependant obtenir sa grâce, au moins en partie. L'église du Sacré-Cœur pourrait le sauver. On doit mettre sa confiance dans le Sacré-Cœur, ceux qui se convertiront obtiendront miséricorde. »

« Pendant cette seconde crise, apparaît l'homme de bien qui vit dans la crainte de Dieu, et la France est complétement pacifiée à l'intérieur. Viennent alors les guerres avec l'Italie et l'Allemagne, guerres annoncées précédemment. »

Secret concernant l'Eglise.

« Pour ce qui concerne l'Eglise en général, c'est une tentative de schisme ; du moins c'est ainsi que Joseph interprète la vision où il a vu un prêtre noir s'efforçant en vain de monter à un autel dont Pie IX gravit aisément les degrés.

« Par rapport à Pie IX Joseph ne sait que ce que nous avons déjà raconté précédemment, quand le Saint-Père apparaissait aux pieds de la sainte Vierge qui le bénissait et le prenait d'une manière spéciale sous sa protection. Il ignore et le moment de sa mort et la manière dont il mourra.

« Pour ce qui regarde les successeurs de Pie IX, sur une série de onze papes, que la sainte Vierge lui a fait connaître, il lui a été révélé que plusieurs seraient persécutés et mourraient martyrs.

« Joseph indique quelles souffrances et quel genre de mort on leur fera subir. Plus de détails lui ont été communiqués sur le successeur immédiat de Pie IX que sur les suivants.

« Quant aux peuples séparés de l'unité catholique, Joseph annonce que l'Angleterre, l'Allemagne et la Russie se convertiront vers la fin du siècle. »

Voici maintenant les conclusions générales que le correspondant du *Pèlerin* ajoute à ses récits : « Mes supérieurs sont loin de vouloir se prononcer sur le caractère surnaturel de tout ce que je vous ai commuqué. S'ils m'ont permis de vous écrire, c'est avec la pensée et dans l'espérance que le simple exposé des faits, sans rien dire pour les caractériser, pourrait cependant faire prier davantage, et vous savez combien, de nos jours, on sent vivement le besoin de la prière. Joseph lui-même n'a cessé de dire que les prières, les pénitences, le retour à Dieu, pourraient beaucoup pour modifier l'accomplissement des choses annoncées, par exemple, pour abréger, diminuer les malheurs de la France et de l'Allemagne, ainsi que les maux de l'Eglise. »

Quant à Joseph, il est prêt à se soumettre aux décisions de l'Eglise, mais il déclare vivement que ce qu'il a vu il l'a bien vu, et que l'Eglise ne pourra jamais dire le contraire.

DEUXIÈME PARTIE

APPARITIONS DE FONTET

« Il existe à Fontet, près de la Réole, département de la Gironde, une métairie de modeste apparence, exploitée par un cultivateur appelé Josseaume ; avec lui habitent Marie Bergadieu, sa femme, connue dans le pays sous le nom de Berguille, leurs deux fils âgés, l'un de quatorze et l'autre de dix-huit ans, une nièce de Berguille, qui est veuve et sa jeune fille, nommée Hermance, de quatre à cinq ans.

« Berguille a quarante-trois ans environ ; son extérieur est modeste ; elle est pauvre, sans éducation, sachant à peine lire ; elle parle très-convenablement, avec simplicité, modération et bon sens ; rien ne dénote en elle une imagination exaltée ou une intelligence dévoyée ; son air et ses paroles respirent la plus grande sincérité. Elle passe, du reste, dans le pays pour une femme très-honnête et incapable de tromper.

« Josseaume, son mari, est un cultivateur sans aucune instruction, ne sachant ni lire, ni écrire, comprenant à peine le français, mais excellent homme. Hermance est une petite fille intelligente, mais capricieuse et un peu maussade ; elle n'entend et ne parle que le patois. Je ne dirai rien des autres membres de la famille qui offrent peu d'intérêt pour le sujet actuel. Ils constituent ensemble une famille de cultivateurs, simples, pauvres, laborieux, honnêtes et attachés à leur devoir. »

Tel est le portrait que nous fait de Berguille et de ceux qui l'entourent, M. V. de Portets dans les lettres remarquables qu'il a publiées au sujet de la Voyante (1).

Au mois d'avril 1873, Berguille était atteinte d'une gastrite compliquée d'un cancer à l'estomac. Les médecins considéraient sa maladie comme incurable, et la pauvre femme en était arrivée au point de ne pouvoir prendre aucune nourriture : le plus léger liquide même ne passait pas. Se voyant abandonnée des hommes, Berguille tourna ses regards vers Marie et essaya de prendre de l'eau *miraculeuse* de Lourdes. Cette eau passa parfaitement et produisit même chez la malade une petite amélioration ; ses parents voulurent alors ajouter un peu de vin à l'eau, mais Berguille rejeta le vin immédiatement et il fallut s'en tenir à l'eau de Lourdes seule.

Pendant dix jours ce fut toute sa nourriture.

Le dimanche 27 avril, la malade se trouvait dans un tel état de faiblesse que les voisines qui venaient la visiter n'espéraient pas la retrouver vivante le lendemain. Aussi par mesure de précaution le mari se coucha près de son lit, afin de mieux la veiller.

(1) Agen, imprimerie André Roche.

Vers onze heures et demie du soir, Berguille aperçoit tout à coup une brillante clarté qui illumine toute sa chambre, puis au pied de son lit lui apparaît une dame vêtue de blanc. A cette vue la malade s'effraye, elle veut appeler son mari, mais les paroles expirent sur ses lèvres, et elle ne peut faire le moindre mouvement. L'Apparition ne dura que deux ou trois minutes.

Revenue un peu de son émotion, Berguille appelle son mari, lui raconte ce qu'elle vient de voir, et en réfléchissant à tous les détails de l'Apparition, elle est persuadée que c'est la sainte Vierge qu'elle a vue.

Son mari qui, quoique éveillé, n'a rien vu, ne veut nullement ajouter foi à ses paroles.

Le lendemain matin, M. le curé de Fontet, appelé en toute hâte, administra l'extrême-onction à la malade qui n'avait déjà plus l'usage de la parole. Retiré dans un coin de la chambre, il priait pour la mourante quand tout à coup celle-ci l'appelle et lui dit en pleurant : « Je serai guérie » et lui raconte qu'elle a vu la sainte Vierge. M. le Curé, attribuant cette vision à l'effet de la fièvre, fut aussi incrédule que le mari.

Le lendemain matin, 29 avril, au moment où M. le Curé célébrait la messe, Berguille eut une seconde Apparition : la sainte Vierge était, comme la première fois vêtue de blanc, et placée au pied du lit : « Ne craignez rien, lui dit Marie, je suis bien la Vierge immaculée, et vous pouvez le dire à tout le monde. Je vous accorde la grâce que vous m'avez demandée ; faites demain la sainte communion et vous serez guérie.

L'Hostie passera comme l'eau de ma fontaine. Vous vous lèverez, vous mangerez et vous serez guérie. »

Berguille, dans une joie facile à comprendre, raconte à sa famille sa nouvelle vision et demande qu'on aille chercher M. le Curé, elle veut absolument faire la sainte communion. M. le Curé hésitait à se rendre aux désirs de la malade : « Il faut attendre, disait-il, si vous pouvez avaler quelque chose, je vous l'apporterai. — Mais, lui répondait Berguille, vous voyez bien que l'eau de Lourdes passe et que je la garde. » Vaincu par ces instances, M. le Curé promit de lui apporter le lendemain la sainte communion.

Dans la nuit suivante, 30 avril, Berguille eut une troisième Apparition : la sainte Vierge lui affirma de nouveau que l'Hostie passerait facilement et que M. le Curé pouvait être sans inquiétude.

Le matin, M. le Curé arriva, apportant le saint viatique, comme il l'avait promis.

Berguille communia, sans rendre l'Hostie, et un quart d'heure après elle demandait à manger. On lui donna de la soupe, du pain et de la viande, elle mangea le tout avec un véritable appétit, et cette femme qui, depuis quinze jours, ne prenait que de l'eau de Lourdes, ne se trouva nullement incommodée d'un repas aussi substantiel. Bien plus, les trente personnes qui se trouvaient dans sa chambre purent constater au contraire que sa figure reprenait visiblement un air de santé, et que les traces de ses souffrances disparaissaient.

Berguille qui ne se sentait plus aucun mal, voulait

se lever ; on s'y opposa, mais à midi, se trouvant seule, elle s'habilla, et se mit à vaquer à ses occupations habituelles, comme si elle n'avait jamais été malade.

M. le Curé, qui revint la voir dans la journée, ne fut pas peu surpris de la trouver levée et occupée à préparer le repas du soir. Il se contenta de la féliciter sur sa guérison, mais au fond du cœur il ne pouvait s'empêcher de penser que le doigt de Dieu était visiblement là.

Deux jours après, malgré un froid très-vif, Berguille se rendait à pied à l'église de Fontet, pour y remercier Dieu de sa guérison et assister aux exercices du mois de Marie.

Depuis, sa santé est restée excellente, sans qu'aucune trace de l'ancienne maladie ait reparu.

Nous ne voulons pas plus discuter ici les Apparitions de Fontet que nous n'avons discuté celles de Neubois et de Walbach ; nous désirons nous en tenir simplement à notre rôle de narrateur.

Les Apparitions dont Berguille est favorisée n'ont point lieu à des époques fixes ; elles arrivent tantôt le matin, tantôt le soir, elles se suivent, parfois à huit jours de distance, quelquefois à quinze.

Peu d'instants avant l'Apparition, Berguille éprouve un pressentiment qui l'avertit, et alors elle quitte toute espèce d'occupation pour se rendre au pied de son lit, et là, à genoux, elle attend en priant la visite céleste.

La sainte Vierge se présente presque toujours vêtue de la même manière, et dans l'attitude qu'elle avait à

Lourdes. Chaque fois elle fait baiser à Berguille la croix du chapelet qu'elle porte au bras, en lui disant : « Heureux ceux qui croient ! »

Quand Hermance, la petite nièce de Berguille, voit la sainte Vierge, celle-ci pose sa main divine sur la tête de l'enfant, et lui fait une croix sur le front. La description que l'enfant donne de l'Apparition est absolument la même que celle de Berguille et jamais on n'a pu parvenir à la mettre en contradiction avec sa tante.

Dans presque toutes les apparitions la sainte Vierge parle à Berguille, tantôt de faits particuliers, tantôt d'événements qui concernent l'avenir. Elle bénit avec bonté les chapelets, les médailles que la Voyante lui présente, et répond toujours avec bienveillance aux prières que celle-ci lui adresse.

Dans ces moments solennels Berguille est complétement absorbée par l'Apparition, et tout ce qui l'entoure disparaît pour elle : ses lèvres parfois s'agitent comme celles d'une personne qui parle, et sa physionomie reflète les émotions de joie et de tristesse qu'elle éprouve.

Toutes les apparitions n'ont pas présenté le même degré d'intérêt. Dans les premières la sainte Vierge se plaignait des crimes qui attirent les malédictions du ciel sur la terre, spécialement des blasphèmes, de la profanation du dimanche et de la corruption des mœurs. Elle réclamait des prières afin d'apaiser la colère de son Fils et arrêter les maux qui menacent la France. Elle a fait savoir à Berguille qu'une grande église s'élèverait un jour sur le lieu même des Apparitions et que Fontet servirait à la guérison des âmes comme aujourd'hui Lourdes à la guérison des corps.

C'est le 14 mai que la sainte Vierge commença à dévoiler à Berguille les événements qui devaient se produire en France. Elle lui fit connaître qu'il y aurait sous peu un changement favorable dans le gouvernement et peu après un roi chrétien.

C'était dix jours avant l'avénement du maréchal de Mac-Mahon à la présidence de la République ; et certainement à cette époque personne ne prévoyait que M. Thiers dût si tôt quitter le pouvoir.

C'est dans l'Apparition du 26 juillet, fête de sainte Anne, que la sainte Vierge fit connaître à Berguille que le roi chrétien dont elle lui avait parlé le 14 mai, serait Henri V, et qu'il viendrait bientôt. Elle lui recommanda de publier cette nouvelle et de la répandre partout.

Depuis cette époque, la sainte Vierge n'a cessé d'annoncer presque à toutes ses apparitions, l'avènement prochain d'Henri V. C'est ce qui eut lieu notamment le 14 août, veille de l'Assomption. Le 11 septembre elle répète à Berguille que Henri V arrivera bientôt, mais qu'il viendra non par la volonté des hommes, mais par la volonté de Dieu. La sainte Vierge a ajouté : « On ne veut pas croire en moi, quelques-uns disent même que c'est le démon qui apparaît. J'ai pourtant déjà fait des miracles pour prouver que je suis la Vierge Immaculée ; j'apparaîtrai encore et je ferai de nouveaux miracles. »

Pendant l'apparition du 30 octobre la sainte Vierge n'a répondu à aucune demande particulière : elle paraissait triste : elle pleura même un instant et dit à Berguille : « Aujourd'hui je ne réponds à aucune demande, parce que je veux que vous ne vous occupiez que de prier. Dites à tout le monde de prier beaucoup. Que l'on prie, que l'on prie ! Qu'on fasse des neuvaines. On va en faire une, mais ce n'est pas trop tôt. Je ne peux plus retenir le bras de mon Fils, à cause des blasphèmes qui se commettent, et des méchants qui veulent tout détruire, non-seulement la société, mais encore la religion. Que l'on prie pour sauver la France ; car je la sauverai. Le démon, qui connaît qu'il va être enchaîné, agite les esprits ; il fait tous ses efforts pour tout perdre. Les méchants croieront leur triomphe assuré ; mais quand ils croiront avoir tout gagné, tout sera perdu pour eux ; car *Henri V viendra et sauvera la France. Il n'arrivera point par le vote et les combinaisons des hommes. Les hommes ne le connaissent pas. S'ils connaissaient le fond de son cœur, ils seraient invinciblement attirés vers lui ; mais ils ne le connaissent pas. Néanmoins il viendra par la main de Dieu. On le croit très-éloigné du trône, et il en est très-rapproché.* »

L'Apparition du 21 novembre s'accomplit au milieu d'un éclat inaccoutumé et présenta différents caractères que les autres apparitions n'avaient point eues, aussi nous laissons la parole à un témoin oculaire.

« Dans cette Apparition, dit-il, la sainte Vierge n'a répondu à aucune demande particulière, ou plutôt

Berguille n'a rien demandé, parce que l'extase s'est produite tout de suite. J'ai été du nombre des cent trente-quatre témoins, qui se sont trouvés en présence de la Vierge Immaculée, qui ont pu contempler le spectacle ravissant d'une extase, qui ont eu le bonheur de recevoir un sourire et d'emporter une bénédiction de la Reine des Anges. Tout a été merveilleux dans cette Apparition. Marie a dit : « Prière ! Pénitence ! »

« Les hommes font et défont ; ils travaillent et rien ne se fait. Dieu peut détruire en un instant ce que les hommes font dans une année. Le beau cantique (cantique du Sacré-Cœur, *Dieu de clémence*) qu'on a chanté pendant l'Apparition a procuré beaucoup de gloire à Dieu. La dernière neuvaine qui a été faite (il s'agit ici d'une neuvaine demandée par la sainte Vierge le 13 novembre et terminée le 25), a été agréable à son divin Fils. Il faut qu'on prie beaucoup ; *Henri V arrivera bientôt.* »

« Cette Apparition, dit M. de Portets (1), a duré 25 minutes. Parmi les personnes présentes se trouvaient : M. de P. juge d'instruction au tribunal civil de Bordeaux, et M. Sarrazin, propriétaire de la ferme qu'occupe Berguille. Aussitôt que la Voyante a aperçu la clarté qui précède toujours les Apparitions, elle s'est mise à genoux, les mains jointes, et elle est entrée immédiatement en extase. Pendant les 25 minutes qu'à duré l'Apparition, elle est restée complétement immo-

____

(1) *Lettres sur la Voyante de Fontet.* André Roche, éditeur à Agen.

bile. Pour constater d'une manière authentique cet état d'extase, on a soumis la Voyante à diverses épreuves. Sur l'invitation de M. de P. on lui a piqué fortement les mains et le visage, à tel point que le sang coulait; on a fait passer une lumière vive devant ses yeux fixés et largement ouverts; on lui a brûlé un doigt avec la flamme d'une bougie. Pendant toutes ces épreuves elle n'a fait aucun mouvement ni témoigné aucune sensibilité; il n'y a pas eu la moindre contraction musculaire, pas le moindre clin d'œil. La sainte Vierge a paru ce jour-là plus belle que jamais. Elle s'est montrée dans un temple, entourée d'une multitude d'anges. Elle a annoncé une prochaine Apparition où il y aurait beaucoup de monde. »

Cette Apparition a eu lieu le 8 décembre, fête de l'Immaculée Conception.

Avant de donner les détails de cette remarquable Apparition nous croyons être agréable à nos lecteurs en plaçant sous leurs yeux quelques fragments d'une lettre publiée par le journal le *Pèlerin* et où se trouve racontée une visite faite à Berguille en novembre dernier.

La Voyante venait de raconter à son visiteur la manière dont elle avait été guérie :

« Mais, repris-je, tout cela me paraît bien étrange; j'ai peine à croire que vous voyiez la sainte Vierge. Et que vous dit-elle?

— Elle me dit qu'il faut prier beaucoup, que l'on ne prie pas assez, qu'il faut l'aider à obtenir le salut de la France.

— C'est fort bien, mais vous dit-elle comment il faut s'y prendre pour faire prier les gens qui ne prient pas?

— Oh! cela la regarde. Elle me dit qu'il faut prier et engager à prier; je ne sais pas autre chose; la sainte Vierge me le dit, et voilà tout. »

En parlant ainsi Berguille continuait à couper sa soupe.

« Que vous annonce la sainte Vierge?

— Des malheurs si on ne se convertit pas. Dans onze ans il n'y aura plus un seul pied de vigne.

— C'est fort bien fait pour les méchants; mais ceux qui prient et qui sont bons ne seront pas touchés...

— Oh! je pense que si; tout le monde. »

J'étais debout, à ce moment de la conversation.

Berguille s'approcha de la cheminée pour attiser son feu, et s'assit sur ses talons. Je pris une chaise et continuai:

« La sainte Vierge vous indique-t-elle quelque prière spéciale à faire?

— Elle recommande beaucoup le chapelet et les neuvaines.

— Pas autre chose?

— Les pèlerinages lui font plaisir: il faut toujours en faire. Mais elle dit que beaucoup de gens ne les font pas bien; on les fait comme des touristes, pour voyager.

— Mais cependant tout le monde s'approche des sacrements.

— Oui; j'ai été à Lourdes! Oh! j'étais contente!

j'aurais voulu y rester ; il y avait beaucoup de monde à la Grotte. Mais la sainte Vierge dit qu'on ne prie pas bien, que beaucoup y vont pour s'amuser. Je ne sais pas, moi ; je ne puis dire que ce qu'Elle m'a dit.

« On dit que vous annoncez le roi avant le mois de janvier.

— Oh ! je n'ai pas dit cela. La sainte Vierge m'a dit qu'il viendrait bientôt.

— Mais quand?

— Elle ne me l'a pas dit ; je n'en sais rien. Il y aura des malheurs avant ; mais ils seraient bien plus grands si les méchants savaient quand. Elle m'a dit que son Fils l'avait décidé ; que lui seul savait l'époque. Le 14 mai, elle m'avait dit qu'il y aurait un changement de gouvernement sans secousse ; que ce serait un bon chrétien ; mais que ce ne serait que pour préparer la place à un bien meilleur chrétien, qui était Henri V. Moi, je ne connaissais que Henri IV : j'en avais entendu parler par mes parents. J'ai demandé ce que c'était que Henri V. On m'a dit qu'il allait arriver ; mais la sainte Vierge m'a dit : « Les hommes font et défont les choses ; ils se remuent beaucoup et ne font rien ; ils s'imaginent qu'ils vont le faire venir, mais mon Fils veut que l'on connaisse bien que c'est Lui seul qui mettra ce roi très-chrétien sur le trône. La sainte Vierge m'a dit cela deux jours avant la lettre d'Henri V. (Ce fait est confirmé par le curé à qui elle confie toutes ces révélations tout de suite.)

— Vous avez dit qu'on bâtirait une chapelle ici ?

— Oui, certainement.

— Vous avez un secret ?

— Oui ; je l'ai confié à Mgr le Cardinal.

— Ne pouvez-vous pas me le confier aussi ?

— Non ; mais tenez, il y a des choses que je ne dis pas à tout le monde ; cela vous regarde de les redire si vous voulez. La chapelle sera bâtie en 1874 ; je sais le nom de celui qui doit la bâtir ; l'Eglise sera triomphante ; Pie IX sera mis sur le trône par le roi très-chrétien.

— Et vous connaissez celui qui doit bâtir cette chapelle ?

— Oui, je sais son nom, mais je ne puis le dire. »

J'insistai en vain pour en savoir davantage.

Berguille prit son pot-au-feu et alla tremper sa soupe.

Puis elle reprit :

« La sainte Vierge m'a dit hier qu'il fallait prier, que l'on ne priait pas assez ; qu'il fallait commencer une neuvaine dimanche prochain, pour la finir le jour de l'Immaculée Conception. »

Comme nous l'avons dit plus haut, cette apparition du 8 décembre avait été annoncée d'avance par Berguille : aussi dès neuf heures du matin plus de trois mille personnes entouraient la modeste métairie : les unes priaient, les autres chantaient des cantiques : pendant ce temps-là Berguille était en prière dans l'église de Fontet.

A une heure moins quelques minutes, elle revient à sa chambre, se met à genoux et tombe immédiatement en extase.

Comme le 22 novembre, Berguille fut soumise à de nombreuses épreuves même par un médecin incrédule, qui se trouvait là ; mais elle resta complètement insensible à tout ce qu'on put lui faire.

Les recommandations de la sainte Vierge eurent, comme par le passé, rapport à la nécessité de prier et de faire pénitence.

Le 24 décembre, nouvelle apparition. Pendant son extase Berguille est examinée par deux médecins des environs qui sont forcés d'avouer que la Voyante n'est nullement malade et que l'extase est bien réelle.

L'*Union du Sud-Ouest,* en parlant de cette apparition ajoutait le détail suivant :

« La manifestation du 24 décembre a été signalée par un fait remarquable qu'il est important de noter : c'est la présence d'un possédé du démon dans la chambre de la Voyante.

« Ce possédé se trouvait à Fontet, le 8 décembre, et M. le docteur de Bonnefoy, de Langon, l'avait pris pour un épileptique. Je l'ai vu moi-même ce jour-là dans la chambre de Berguille ; j'ai été témoin de ses convulsions, pendant les trois heures que j'ai passées là, dans l'attente de l'Apparition. Quelques personnes, mues par un sentiment de charité chrétienne, ont eu l'idée de réciter le chapelet, séance tenante, pour obtenir sa guérison. J'ai remarqué que pendant la récitation du chapelet, il joignait même ses prières aux nôtres.

« Ce malheureux possédé n'avait pas obtenu sa guérison le 8 décembre ; il est revenu à Fontet. Ce jour-là on a essayé de l'exorciser. On a appliqué sur sa personne une médaille de saint Benoît : on l'a aspergé d'eau bénite. Il en est résulté une crise terrible ; il se tordait dans des convulsions affreuses et se roulait sur le sol en poussant des hurlements ; sa vue était effrayante. Mais, chose admirable ! à peine l'Apparition s'était-elle produite, qu'il est rentré dans le calme, et sa tranquillité n'a pas été troublée pendant toute la durée de l'extase.

« On l'a vu récitant dévotement, et à demi-voix, les litanies de la Sainte-Vierge. Ce possédé n'a pas été guéri ; mais son état s'est amélioré. La sainte Vierge a dit à Berguille qu'il serait délivré un peu plus tard. »

La nuit de Noël, au moment où Berguille, revenue de la messe de minuit, venait de se coucher, ayant à côté d'elle sa petite nièce Hermance, la sainte Vierge leur apparut à toutes deux et leur montra même la naissance du Sauveur. Marie était dans l'étable extrêmement pauvre de Bethléem, près de la crèche, où apparaissaient également les deux animaux légendaires. Elle était vêtue comme à l'ordinaire et tenait l'Enfant-Jésus sur ses genoux. A ses côtés se trouvait saint Joseph, abîmé dans la contemplation, et elle était environnée d'une multitude d'anges qui adoraient le Sauveur du monde. L'Enfant-Jésus portait un simple lange sur son corps à demi-nu. — Une lumière éclatante illuminait l'étable.

La sainte Vierge en présentant son Fils à Berguille lui dit ces simples paroles : « Voici la naissance de mon divin fils. Comment se fait-il que les hommes n'aiment pas un Dieu si bon et qui a tant fait pour eux ? »

Le 18 janvier, la sainte Vierge apparut de nouveau à Berguille venant uniquement pour lui annoncer que le 2 février elle se montrerait à elle. « Je vous l'annonce quinze jours à l'avance, pour confondre et dérouter la science humaine. Demandez aux médecins s'il existe une maladie dont les crises peuvent être fixées exactement à quinze jours de distance. »

Voici la lettre adressée au journal *le Pélerin*, par un témoin oculaire de cette mémorable apparition du 2 février : la lettre est datée du 4 du même mois.

« J'étais lundi 2 février à Fontet, à midi moins dix minutes, Berguille est tombée à genoux et en extase. L'Apparition était au milieu du lit, elle a duré cinquante-cinq minutes ; cinq ou six médecins entouraient la Voyante et lui ont fait subir diverses épreuves. On lui a tiré les cheveux, on lui a brûlé une allumette près de l'œil droit, on lui a jeté de l'eau à la figure sans qu'elle bougeât. Pendant l'extase on lui voyait d'abord remuer les lèvres sans qu'aucun son ne sortît de sa bouche, elle inclinait la tête en souriant et avait l'air de répondre, puis elle a fait le signe de la croix, qu'elle a recommencé cinq autres fois pendant les cinquante-cinq minutes, elle a aussi baisé trois fois la terre à intervalle pour la conversion des pécheurs. Sa figure exprimait parfois la tristesse et parfois le bonheur.

« Quand elle s'est relevée on lui a adressé les questions suivantes :

« Vous avez vu la sainte Vierge? — Oui. — Que vous a-t-elle dit? — Elle se plaint qu'on ne prie pas assez. — Vous a-t-elle dit que les malheurs dont est menacée la France vont arriver? — Oui, nous y touchons; si on s'était converti et qu'on eût assez prié, on aurait pu les éviter, mais on ne prie pas assez, on ne se convertit pas; au contraire, il y en a qui désirent ces malheurs; ils vont arriver, et la sainte Vierge a dit que nous y touchons. — A-t-elle parlé du Saint-Père? — Oui, il va être bientôt délivré.

« La sainte Vierge a-t-elle fixé la date, le mois des événements? — Non, Monsieur. — Et a-t-elle parlé du successeur de Pie IX? — Non. — N'a-t-elle rien dit du grand Pape? — Non, pas aujourdhui. Etait-elle seule avec l'Enfant-Jésus? — Elle était seule. — N'était-elle pas entourée d'anges? — Non, elle était seule.

« Après cet interrogatoire, dont nous ne citons que les réponses les plus importantes, Berguille a été entourée par la foule qui devait s'élever à quatre ou cinq mille personnes; toutes désiraient voir sa chambre. On avait établi un passage dans sa chambre, par où l'on passait comme en procession. Mais l'encombrement était si grand que la moitié seulement à pu passer et voir Berguille dans son extase. Elle a dû avoir du monde jusqu'à une heure avancée de la nuit.

Voici maintenant des détails plus circonstanciés encore, qu'envoie au même journal, un témoin oculaire qui a été admis à assister les six médecins présents à l'extase du 2 février.

« Les deux mains jointes de la Voyante ont été séparées sans la moindre résistance, et les médecins ont constaté que le pouls était calme et régulier. Dès que les mains ont été laissées libres, elles se sont rapprochées d'elles-mêmes et comme mécaniquement. La flamme d'un cierge placée sous son petit doigt de manière à l'environner n'a produit sur elle aucune sensation. Son visage présentait au contact de la main la résistance d'un corps solide comme la pierre ou le marbre. On lui a fait tourner la tête ; quand ses yeux ont été détournés de la Vision, ils se sont fermés ; mais la tête laissée libre a repris sa position naturelle, et les yeux s'ouvrant de nouveau ont repris leur fixité. Alors on l'a enveloppée d'un drap jusqu'au cou, et on lui a jeté de l'eau avec violence sur le visage. Elle n'a pas bougé, ses paupières sont demeurées ouvertes et l'eau glissait sur la prunelle de ses yeux comme sur une toile cirée.

« On lui a ensuite enfoncé dans les épaules des épingles à cheveux, sans qu'elle parût en ressentir la moindre douleur ; on les a retirées toutes rouges de sang.

« L'extase a duré cinquante-deux minutes.

« Pendant tout ce temps, la personne qui assistait les docteurs a tenu une lumière près du visage, observant avec soin la physionomie de la Voyante ; il n'a pas aperçu pendant les épreuves la moindre contraction, seulement quelques mouvements des lèvres comme d'une personne qui parle et une légère déviation de la tête.

« Quand Berguille fut revenue à son état ordinaire, on lui demanda compte de ce mouvement de la tête, et elle répondit que l'Apparition s'était déplacée a un moment ; puis dans les instants qui suivirent, elle porta la main au petit doigt qui avait été mis dans la flamme, comme si elle y éprouvait une démangeaison, se frotta aussi les épaules, et dit avec une grande simplicité et en souriant : « Ah ! vous m'avez encore fait de petites farces. » .

Le possédé dont nous avons parlé plus haut fut amené par un gendarme pendant cette extase. A peine a-t-il été à genoux derrière la Voyante qu'il a été pris d'horribles convulsions. On lui a jeté de l'eau bénite, mais loin de se calmer, il est devenu plus furieux. Ses contorsions étaient accompagnées de secousses si violentes que les personnes présentes ont cru un instant qu'il allait se tuer. Cependant il a fini par se calmer. Berguille lui avait dit, après les premières apparitions, que les prêtres seuls pouvaient le guérir.

Un lépreux, habitant de Fontet, et dont la lèpre avait un aspect horrible, fit demander à la sainte Vierge sa guérison par l'intermédiaire de Berguille. La réponse fut celle-ci : La sainte Vierge se manifeste ici pour la guérison des âmes, et non pour celle des corps. Si vous voulez être guéri, allez à Lourdes, rapportez-en de l'eau, et après votre retour, lavez-vous avec cette eau trois jours consécutifs. Le lépreux obéit, le troisième jour il fut complétement guéri ; la lèpre se détacha d'elle-même par plaques blanches et tomba sans laisser aucune trace sur le corps.

Les apparitions continuent comme par le passé et rien n'indique l'époque à laquelle elles cesseront.

L'émotion produite dans la contrée par ces faits merveilleux a été considérable et les commentaires ont été leur train. Nous n'avons pas mission pour juger la nature des apparitions : l'autorité ecclésiastique ne s'étant point encore prononcée, nous attendons son jugement avec une respectueuse déférence.

Notre seul but, en écrivant ce rapide récit, ayant été de satisfaire la légitime curiosité du public, nous croyons ne pouvoir mieux terminer notre travail qu'en transcrivant ici le résumé des apparitions, résumé dû à la plume d'un compatriote de Berguille (1).

« L'année 1874 serait, d'après la Voyante, une de ces années qui font époque dans l'histoire d'un peuple. Elle verrait, en effet, se réaliser tous les grands événements annoncés dans ses révélations. Berguille est très-affirmative lorsqu'elle dit : « Nous touchons à une grande crise politique, à la crise suprême; plus on priera, plus elle sera abrégée. Sans fixer le mois ni le jour exact, je ne le peux pas, j'affirme qu'Henri V reviendra et montera sur le trône de France en 1874. Son avénement sera précédé et suivi de grands troubles, dont souffriront quelques grandes villes et surtout Paris. Mais Dieu suspendra peut-être l'arrêt de ses colères, en faveur des âmes d'élite, des justes, et ils sont nombreux, que renferme notre belle et mal-

_____

(1) *Un mot sur la Voyante de Fontet*, Constant, éditeur à Bazas.

heureuse capitale! Ces désordres intérieurs apaisés, des complications excessivement graves, venant de l'extérieur, surgiront tout à coup, quand les ennemis de la religion, irrités déjà de l'avénement d'un roi chrétien en France, verront le triomphe de l'Eglise et la délivrance du Pape. Mais le grand roi, enfant et roi du miracle, renversera tous ces obstacles, la victoire volera devant ses pas, et il inaugurera un règne heureux et prospère au milieu d'une grande gloire et d'une paix assurée et définitive.

« Les événements concernant l'Eglise et devant amener son triomphe complet, pourraient bien ne pas être terminés en 1874 et empiéter un peu sur le commencement de 1875. Pie IX verra le triomphe de l'Eglise et mourra quelque temps après. »

La Voyante, je le répète, assigne d'une manière des plus affirmatives l'année 1874 pour l'accomplissement de tous ces grands evénements.

« Je rapporte, d'après un journal ce qui suit : « On demandait un jour à Berguille comment elle arrangeait l'arrivée d'Henri V en 1874 avec Mac-Mahon nommé pour sept ans.

« On lui demandait si celui-ci resterait au pouvoir cinq ans?—Non. — Quatre ans? — Non.—Trois ans? — Non. — Deux ans? — Non. — Trois mois? Elle a souri et n a pas répondu. C'est toujours ainsi lorsqu'on la questionne sur les faits qu'elle n'a pas l'autorisation de dévoiler.

« Verrons-nous, est-il dit quelque part, s'accomplir les événements annoncés avec tant de précision? je l'ignore. Ce que je sais, c'est que la France et l'Europe sont dans l'attente de quelque chose de grand, d'extraordinaire, et que bien des hommes, découragés dans le présent, sentent le besoin de se réfugier dans l'avenir. »

Envisageons-le sans faiblesse, attendons-le avec confiance, et rappelons-nous, si nous étions tentés de nous laisser aller au découragement, que l'imprévu est grand dans les choses humaines, et que la Providence se plaît souvent à déjouer les calculs les mieux raisonnés. Etrange, parfois lamentable, la destinée de notre belle patrie n'est jamais vulgaire. Elle a une mission écrite dans sa nature ; elle a un passé à continuer et un grand devoir à remplir.

Avec l'aide de Dieu, elle n'y faillira pas !

MÉMOIRES DU R. P. DE BENGY, de la Compagnie de Jésus,

aumônier de la huitième ambulance pendant la guerre de 1870-1871, fusillé par ordre de la Commune, le 26 mai 1871. 1 volume in-12, orné du portrait photographié du R. Père. Prix : 2 fr. 50 c.; sans portrait. **1 fr. 75**

NEUILLY SOUS LA COMMUNE. Détails curieux et dramatiques recueillis par les prêtres de Sainte-Croix, témoins oculaires. 1 vol. in-12. Prix. **1 fr. 25**

JOURNAL D'UN AUMONIER MILITAIRE

pendant la campagne du Rhin et la campagne de la Loire (1870-1871), par M. l'abbé H. DE BERTRAND DE BEUVRON, 1er aumônier du Val-de-Grâce. 1 volume in-12. Prix. **1 fr.**

A TRAVERS LES RUINES DE PARIS. Impressions d'un Parisien à sa rentrée dans la Capitale après la chute de la Commune. Brochure in-18. Prix. **60 c.**

UN CHAPITRE DE L'HISTOIRE DE LA COMMUNE au quartier Saint-Marcel, publié sur les documents recueillis par M. DE BONNEUIL, président de la Conférence de Saint-Marcel. 1 vol. in-18. Prix. **20 c.**

DEUX DINDONS ET UN CHAMPENOIS à propos de la Commune. Prix, franco. **20 c.**

NOTRE-DAME DU PONT-MAIN, avec un aperçu des pèlerinages en général et des Apparitions de la sainte Vierge jusqu'à nos jours, par M. l'abbé POSTEL, du clergé de Paris, chanoine honoraire, etc., 1 fort vol. in-12. Prix : **3 fr. 50**

LE R. P. PIERRE OLIVAINT, de la Compagnie de Jésus : Sa vie, ses œuvres et son martyre, par M. CHATILLON. 1 vol. in-12. Prix : **3 fr.**

LA BIBLIOTHÈQUE DES PRÉDICATEURS

du R. P. HOUDRY, complétement revue, corrigée et améliorée dans la disposition des matières, par M. l'abbé V. POSTEL, vicaire général d'Alger. 18 vol. grand in-8, tous parus. Prix net : 108 fr.

MOIS DE MARIE DES ENFANTS, par M. l'abbé LAFFINEUR, 1

vol. in-18. Prix : 1 fr.

Edition de propagande, 40 c.; par 100 exemplaires : 25 fr.

OUVRAGES

SUR LA

PREMIÈRE COMMUNION

PAR M. L'ABBÉ V. POSTEL
Vicaire général d'Alger.

LE BON ANGE DE LA CONFIRMATION

suite et complément du **Bon Ange** de la **Première Communion**. 1 vol. in-12. Prix : 1 fr. 50

GUIDE ANGÉLIQUE de la Première Communion et de la Confirmation. — Recueil tout spécial

de Méditations, d'Actes et de Prières, huit jours avant et huit jours après. — Partie pratique du Bon Ange. 1 vol. in-18. Prix : 2 fr.

RÉPERTOIRE HISTORIQUE du catéchiste de Première Com-

munion et de Confirmation : Histoires, traits et légendes sur les Sacrements de Pénitence, d'Eucharistie et de Confirmation, à l'usage particulier des catéchistes et des maîtres. — Aucune de ses histoires n'est répétée du **Bon Ange**. 1 vol. in-12. Prix : 2 fr.

HISTOIRE DE SAINTE CÉCILE Vierge et Martyre, Patronne

des Musiciens, par M. l'abbé THIESSON, chanoine honoraire de Troyes et Membre de la Société académique de l'Aube. 1 beau volume in-8, orné du portrait de la Sainte. Prix *franco :*   6 fr.

La même édition in-12, avec portrait, *franco :*   3 fr.

Cet ouvrage, fruit de vingt années de recherches et d'études, est un de ceux qu'on ne saurait trop recommander aux personnes qui aiment la belle littérature. La vie de sainte Cécile, si noble, si pure, a véritablement trouvé dans M. l'abbé THIESSON un historien digne d'elle.

LA VIE DE N.-S. JÉSUS-CHRIST racontée aux enfants, par

Marie ESTÈVE. 1 vol. in-12 de près de 300 pages. Prix :   1 fr. 50
Ouvrage approuvé par Mgr l'évêque de Nantes.

TABLEAU GÉNÉRAL DES MARTYRS DE PARIS

contenant les portraits photographiés de **Mgr Darboy** et des vingt-trois prêtres et religieux massacrés par la Commune :

Grandeur extra.	**15** fr.	»
Format in-folio..	**5**	»
Carte-Album.	**1**	**50**
Portrait-Carte de chaque martyr.		**75** c.

MASSACRE DE LA ROQUETTE

Photographie in-4°..	**4** fr.	»
Carte-Album.	**1**	**50**
Carte ordinaire.	»	**75**

MASSACRE DE LA RUE HAXO

Photographie in-4°	**4**	»
Carte-Album.	**1**	**50**
Carte ordinaire.	»	**75**

Paris. — E. DE SOYE et FILS, imprimeurs, place du Panthéon, 5.